LA MIRADA MUDA

ExLibric

DANIEL BEY

LA MIRADA MUDA

EXLIBRIC
ANTEQUERA 2024

LA MIRADA MUDA
© Daniel Bey
Diseño de portada: Dpto. de Diseño Gráfico Exlibric

Iª edición

© ExLibric, 2024.

Editado por: ExLibric
c/ Cueva de Viera, 2, Local 3
Centro Negocios CADI
29200 Antequera (Málaga)
Teléfono: 952 70 60 04
Fax: 952 84 55 03
Correo electrónico: exlibric@exlibric.com
Internet: www.exlibric.com

ISBN: 978-84-10297-31-9
Depósito Legal: MA 2095-2024

Impresión: PODiPrint
Impreso en Andalucía – España

Nota de la editorial: ExLibric pertenece a Innovación y Cualificación S. L.

DANIEL BEY

LA MIRADA MUDA

I

Caminos negros,
soles de cristal,
antorchas de agua,
flores de mural.

II

Esquinas de espinas
en calles de seda,
farolas de luz negra
y brisa de hierbabuena.

III

Ciudad nublada,
penas enraizadas,
alegrías de bote,
esperanzas diseñadas.

IV

Quiero un camino
de arena de luna,
con flores de cristal
y nubes sin hechuras.

V

Sueños
convertidos en piedra.
Anhelos
que acarician con espinas.
Sangre
seca en las pupilas.

VI

Andando en silencio,
pisando recuerdos,
cosiendo esperanzas
con hilos muertos.

VII

Revolotean en mi pecho
angustias desordenadas,
se cansan y se posan en el olivo,
y el olivo sangra.

VIII

No quiero sueños de hierro
para esperanzas tan torpes;
no quiero paraguas de espinas
para lluvias de flores.

IX

Sangre de luna,
dolor sin herida,
fuego en mis manos,
hielo en las suyas.

X

Entre los pliegues del silencio
canta el tiempo
su canción de cuna,
se despierta el viento.

XI

Golpes de silencio,
astillas de luna,
luciérnagas muertas,
recuerdos que alumbran.

XII

Oscuridad que acaricia
con manos de lija,
dudas de seda
y certezas con espinas.

XIII

Árbol que llora,
monte que riega,
raíces traicionadas
por hojas pasajeras.

XIV

Sueños de hierro,
manos de fuego,
forjo la esperanza,
moldeo el silencio.

XV

Deseo un cielo nublado
en el que lluevan soles;
deseo un manantial dorado
que quite la sed a los dolores.

XVI

Tengo un silencio
cubierto de espinas,
con tripas de oro
y olor a vainilla.

XVII

Suspiro de sangre,
fuego en la pena,
yace una promesa
muerta en la tierra.

XVIII

Se despereza un recuerdo,
supernova en el pecho;
se suicida una amapola
con la cuerda de un verso.

XIX

Guerras pasajeras,
sangre eterna,
muere un suspiro
apuñalado por una promesa.

XX

En el jardín del silencio
sangran todas las flores,
la luna está amordazada,
llora lágrimas de cobre.

XXI

No quiero prisas
que tropiecen con el tiempo;
quiero brisas
que ventilen los recuerdos.

XXII

Clavo de oro,
martillo de cristal,
uñas de agua,
guitarra de coral.

XXIII

Estrella que se mece
en los labios de un llanto,
noche de mayo,
aroma de geranios.

XXIV

Calle de naranjos,
tesoro sin cofre,
viento de levante,
olas de flores.

XXV

Ya no quiero flores
que se secan con el tiempo.
Ya no quiero soles
que se esconden en tormentos.

Ya no quiero risas
dibujadas de recuerdos.
Ya no quiero prisas,
quiero esperar al tiempo.

Ya no quiero corazones de agua
que se derraman con el fuego.
Ya no quiero tempestades
que se secan con los miedos.

XXVI

Realidad de hierro,
sueños de porcelana,
cielo de fuego,
alas de agua.

XXVII

Noche púrpura,
sácame el clavo,
cuna de espinas,
suspiro de barro.

XXVIII

Baila el olivo
con los quejíos del viento,
guitarra muda,
sangre en los dedos.

XXIX

Se acomoda la herida,
hace un nido en el alma,
la alimento con sueños;
si la miro, sangra.

XXX

Tormenta en la sonrisa,
párpados de mármol,
esperanza construida
con los restos del naufragio.

XXXI

Mar mudo,
puente de caracolas,
faro sin rumbo,
sangre en las olas.

XXXII

Se desnuda la noche,
se engalanan los lamentos.
¡Mira qué guapa va la tristeza!,
la piropea el silencio.

XXXIII

Suelo de lija,
cielo de tierra,
barco de vida,
puerto de esquela.

XXXIV

Nana sin lengua,
insomnio con tacones,
tirita el naranjo,
cuna de flores.

XXXV

La luna está triste,
porque dice que hoy no la miras;
los pájaros cantan de noche,
el aire se ha vuelto denso
como una cortina,
los girasoles hoy no bailan;
con la melodía de la brisa
esta noche te marchas,
para convertirte en una estrella,
esta noche te marchas,
pero te llevo y me llevas
en la sangre, la mente y el alma.

Nota: El recurso a la figura de la luna se debe a que mi padre sabía mucho sobre la incidencia de este astro en las mareas; cuando la mirábamos, él me explicaba cómo afectaba en la pesca según el tipo de luna. En cuanto a los pájaros, aparecen porque a él le gustaban mucho las aves; y los girasoles porque cuando íbamos hacia Barbate había campos muy grandes de girasoles en el camino. A veces hacía levante y con el viento parecía un inmenso mar amarillo visto desde la ventanilla del coche.

XXXVI

Ojos en blanco y negro
para estrellas de colores,
árboles de raíces muertas
con las copas llenas de flores.

XXXVII

En el hueco del silencio
retumba el tiempo,
se parte la urna de cristal,
se libera el lamento.

XXXVIII

En un rinconcito de un latido
está sembrada una ramita de romero,
margarita con corona,
corazón plebeyo.

XXXIX

Se estremece el anhelo,
las garras de la espera
le rajó el pecho,
se desangran los sueños.

XL

Sueño de hielo,
alas de espuma,
colmillos de terciopelo,
se desangra la luna.

XLI

Destripar a la luna,
sacarle mis miradas,
ser ciego de sueños,
volar sin alas.

XLII

Esperanza etérea,
risas bajo tierra,
se desnuda la amapola,
el anhelo se despierta.

XLIII

Sueño de alas doradas,
mirada asesina,
porta un cuchillo oxidado
y sonrisa de purpurina.

XLIV

Canta el aire
al rozar el olivo,
bailan las estrellas
cuando canta el grillo.

XLV

Lluvia de sangre,
recuerdos abiertos,
cristales en la mente,
lava en el pecho.

XLVI

Sueños que revolotean,
se posan en el árbol muerto,
en sus plumas llevan tierra,
en sus picos hierbabuena.

XLVII

No quiero flores
atravesando cimientos;
quiero soles
derritiendo sufrimientos.

XLVIII

Grita la esperanza
desde el pozo de plata,
la nostalgia cierra los ojos,
por los oídos sangra.

XLIX

Cielo sin luna,
corazón sin pecho,
muerte con ojeras,
no la deja dormir el silencio.

L

Alma de corales,
olas en el cielo,
se derraman soledades,
la esperanza tiene sueño.

LI

Sombra sin cuerpo,
olivo sin luna,
paraíso de hielo,
manzana de espuma.

LII

Destino de piedra,
esperanza de agua,
cristales en la tierra,
el romero se desangra.